AF230384

# OBSERVATIONS

## SUR

# LE MANIFESTE

### PUBLIÉ PAR

## L'association des travailleurs pour réclamer leur part de tous les droits politiques,

### Par le C. LANDORMY,

#### CHEF DE BATAILLON DU GÉNIE EN RETRAITE,

## A METZ.

*La publication de cette petite brochure a été retardée par des circonstances qu'il est inutile de rapporter ici ; elle devait paraître avant les déplorables événements qui viennent d'ensanglanter les rues de Paris.*

**METZ,**

Imprimerie et Lithographie de NOUVIAN,

Au bas de la rue Tête-d'Or.

# AVERTISSEMENT.

Le travail qui fait l'objet de cette petite brochure, était terminé, et j'hésitais à le livrer à l'impression, lorsque j'ai lu les principes qu'adopte et le but que se propose le club qui vient de s'établir à Metz. Comme son programme est presqu'entièrement copié sur celui de l'association des travailleurs auquel s'appliquent les réflexions que celui-ci m'a suggérées, l'annonce de l'ouverture de ce club, m'a décidé à ne pas différer davantage la publication de cette brochure; persuadé comme je le suis, que la lecture en sera utile à tout le monde; mais surtout aux personnes qui fréquenteront ce club, pour les prémunir contre les espérances exagérées qu'elles peuvent concevoir, d'après la manière dont le programme de ce club est rédigé. Son laconisme ne peut qu'induire en erreur beaucoup de personnes sur l'étendue de la jouissance des droits qui y sont proclamés et qui doivent faire l'objet exclusif de ses délibérations.

Eclairer le public sur les limites que la nature et l'ordre social imposent forcément à l'exercice des facultés de l'homme, est un devoir impérieux pour tous les citoyens dans les circonstances où nous nous trouvons. C'est donc uniquement pour remplir ce devoir que je publie aujourd'hui les observations que j'ai faites à l'occasion du manifeste de l'association des travailleurs.

Tout le mérite de cette petite brochure ne consiste que dans le but que je me propose, qui est de faire comprendre aux uns où doit s'arrêter leur exigence, et aux autres ce qu'ils doivent faire pour ramener l'ordre dans la société. puisse ma voix être entendue par tous! c'est tout ce que je désire.

# OBSERVATIONS

SUR LE

## Manifeste publié par l'association des travailleurs pour réclamer leur part de tous les droits politiques.

---

Depuis quelque temps, mais surtout depuis environ trois mois, la France est inondée d'une quantité considérable d'écrits, rédigés dans le but avoué de chercher le moyen d'améliorer la condition des travailleurs ; mais en réalité pour les agiter, les indisposer contre la société et s'en servir ensuite comme d'instrument pour la bouleverser. Parmi le grand nombre d'auteurs qui ont écrit sur ce sujet, on est heureux de voir figurer des ouvriers, non pour venir en aide à ces dangereux novateurs, mais au contraire pour s'élever contre leur doctrine. Et, tout en les repoussant n'émettre que des vœux légitimes et s'interposer entre eux et la société, pour l'empêcher de tomber dans l'abîme où ils voudraient la précipiter.

Au nombre des écrits sortis de la plume de quelques ouvriers, je distingue le manifeste de l'association de l'union des travailleurs, signé Laurent président, Vellu et Sivion charpentiers, secrétaires. Je voudrais pouvoir faire connaître le nom de tous les membres de cette société pour les signaler à la reconnaissance de tous les français amis de leur pays.

Le manifeste de cette société est rédigé dans un esprit de sagesse et de modération qu'on ne saurait trop louer, par le temps qui court et dans les circonstances on nous nous trouvons. Ce manifeste ne contient que des vœux et des demandes, en majeure partie fort raisonnables, que personne ne repoussera j'en suis certain ; mais quelques-uns de ces vœux ont besoin d'être expliqués et commentés, pour que ceux, au profit desquels ils sont émis, ne prennent pas le change et ne croient pas trop au sens absolu suivant lequel ils sont formulés. C'est ce motif qui m'a déterminé à joindre au texte de ce manifeste les réflexions qui vont suivre. Je me suis décidé d'autant plus volontiers à les rédiger, et à livrer l'un et l'autre à la publicité, que dans la situation présente, je crois faire une chose qui ne sera pas sans intérêt pour le plus grand nombre de personnes qui attendent avec anxiété le dénouement de la crise où nous sommes ; et que, d'après l'esprit de conciliation qui règne généralement dans ce manifeste, ceux qui l'ont rédigé et tous les travailleurs qui l'ont approuvé, ne demandent pas mieux que d'être éclairés, et ne veulent que ce qui est juste pour tous et réalisable, en ménageant, comme il convient de le faire, tous les intérêts que comportent la splendeur de la République, sans lesquels il n'y aurait que misère et pauvreté.

La société de l'union des travailleurs débute dans son manifeste par dire :

> « La liberté consiste dans l'exercice le plus large possible
> « des droits qui appartiennent à tous les citoyens. Toute liberté
> « pour être vraie doit être profitable à tous, et elle est fausse
> « quand elle blesse l'intérêt social. Nous voudrions que ceux-
> « là fussent tous les citoyens qui sont nés sur le sol de la ré-
> « publique. Ainsi la liberté individuelle sans restriction, invio-
> « labilité du domicile, garantie contre toute espèce de ten-
> » tatives préventives ou autres. »

La liberté consiste dans l'exercice le plus large possible des droits qui appartiennent à tous ; cela est incontestable. Mais j'avoue que je ne comprends pas la distinction que font les rédacteurs du manifeste de cette société, entre la liberté vraie et la liberté fausse. Il n'y a selon moi ni liberté vraie ni liberté fausse. La liberté est une, elle est utile et profitable à tous quand on n'en abuse pas, elle est nuisible aux intérêts sociaux quand on en abuse. Voilà tout ce que l'on peut en dire. Dans le premier cas, il faut l'étendre autant que possible, et dans le second la restreindre. Les limites à lui imposer doivent être déterminées du consentement de tous et s'appliquer à tous, c'est dans l'exercice de ce droit que consiste la vraie liberté.

Les restrictions qu'on lui impose sont encore commandées par un autre motif que voici. La société en général se compose de l'agglomération d'une masse plus ou moins considérable d'individus, qui n'ont pas les mêmes idées, la même manière de voir et de sentir, qui sont doués de tempéraments, de caractères et de passions différents plus ou moins énergiques, qui les portent à user, et même à abuser de la liberté qu'ils tiennent de la nature. C'est donc une nécessité indispensable que de restreindre par des lois l'usage que chacun peut faire de sa liberté; afin que tous les citoyens et chacun d'eux en particulier puisse jouir paisiblement de la part de liberté dont l'organisation sociale n'exige pas le sacrifice dans l'intérêt de tous.

La liberté de l'homme vivant en société n'est pas celle du sauvage. Pour l'homme civilisé elle est aussi complète qu'elle peut l'être, dès qu'elle est la même pour tous; dès que les lois ne défendent pas aux uns ce qu'elles permettent aux autres, et que le sacrifice que chacun fait d'une portion de sa liberté naturelle est égal pour tous; c'est à dire que les lois ne donnent à aucun membre de la société, une part de liberté plus grande que celle qu'elles accordent aux autres. C'est le problème que l'Assemblée nationale est appelée à résoudre; et je ne doute pas que les lois qu'elle nous donnera sur ce sujet ne satisfassent tout le monde, a l'exception pourtant de ceux qui ne voient dans la liberté que le droit du plus fort, celui de tout faire, même d'usurper celle des autres, de les tyranniser et de bouleverser l'état si celà entre dans leurs gouts. Mais c'est précisément pour s'opposer aux prétentions de ces sortes de gens que les hommes ont formé des sociétés politiques, et qu'ils ont mis en commun leur force individuelle, afin de pouvoir par leur réunion, contenir les méchants dans le devoir, sans celà il n'y aurait de liberté que pour eux. Les lois dans certains cas prévus par elles, peuvent donc priver momentanément un citoyen de sa liberté, et même autoriser les magistrats à s'introduire dans son domicile pour s'assurer de sa personne si de fortes présomptions d'un délit ou d'un crime s'élevaient contre lui. Ainsi, la garantie que demande l'association des travailleurs pour la liberté individuelle ne peut être donnée sans désarmer la société et l'exposer à voir beaucoup de coupables échapper à la justice.

> « La liberté dit encore ce manifeste, implique nécessairement
> « le droit de se réunir, de s'associer, la liberté illimitée de la
> « presse, de la parole, la liberté d'enseignement, le libre
> « exercice de tous les cultes et une entière liberté de cons-
> « cience, et comme garantie de l'exercice de toutes ces
> « libertés, qu'il soit fait des institutions essentiellement dé-
> « mocratiques dont la sanction soit entièrement réservée à la
> « souveraineté du peuple.

Dans une société politique, quelle qu'en soit la forme; et même dans une république, toutes ces libertés ont des limites que les lois doivent déterminer, autrement la nation tomberait dans l'anarchie la plus complète; elle finirait par se dissoudre, par disparaître et par devenir la proie d'un tyran. C'est ce que démontre l'histoire de tous les peuples.

La fin de ce paragraphe du manifeste de l'association des travailleurs, se termine en demandant, pour garantie de toutes les libertés qu'il réclame, des institutions démocratiques sanctionnées par la souveraineté du peuple. Mais dans une république les lois et les institutions sont l'ouvrage du peuple. Pourquoi le faire délibérer de nouveau sur une chose qu'il aurait déjà décidé comme souverain ? C'est au moins superflu. On m'objectera peut-être que dans une république telle que celle de la France, ce n'est pas le peuple qui fait les lois, ce sont ses délégués. Oui, mais ces délégués le représentent, ils sont choisis par lui, comme tels revêtus de sa confiance et de toute la puissance qu'il possède lui-même. Il est impossible qu'une république de 34 millions d'individus puisse exister d'une autre manière. C'est ainsi, et par force majeure, comme on le voit, que la souveraineté du peuple passe dans ses représentants.

Par le mot peuple j'entends ici, comme tous les auteurs qui ont écrit sur les diverses formes de Gouvernement, la totalité des citoyens qui composent une nation : et non pas seulement la partie qui ne vit que d'un travail manuel, comme le sous entendent, à dessein, nos démagogues modernes, pour faire croire à cette classe de citoyens que toute la souveraineté nationale réside en eux. Ce qui n'est pas : Elle réside dans l'universalité des citoyens qui seuls peuvent exercer cette souveraineté. Ainsi le Gouvernement d'une république est démocratique, aussitôt que tous les citoyens du pays qui y sont soumis, sont appelés à délibérer sur les affaires publiques, par eux-mêmes si le pays est très-petit, ou par leurs délégués, s'il est trop étendu pour que la totalité des citoyens puisse être réunie sur le même point, et prendre directement part à la délibération des questions qu'il s'agit de résoudre ; et les lois et les institutions qui émanent de l'assemblée du peuple, ou de celle de ses délégués, sont des lois et des institutions démocratiques. C'est le concours de tous les citoyens réunis, soit pour traiter les affaires, soit pour nommer des délégués chargés de s'en occuper, qui leur donnent ce caractère ; et non pas seulement parce qu'il n'y aurait que la classe la moins aisée de la société qui serait appelée à y prendre part, comme semblent le croire beaucoup de personnes. C'est une erreur qu'il est important de ne pas laisser s'accréditer dans l'esprit des citoyens qui composent cette classe parce que ne comprenant pas ou comprenant mal la souveraineté nationale, elle pourrait avoir les plus fâcheuses conséquences, en leur laissant croire qu'ils peuvent tout exiger, ou qu'ils ne sont rien dès qu'ils ne sont pas tout ; ce qui serait une cause incessante de guerre civile, et qui, s'ils venaient à triompher, détruirait la république et y subsistuerait un Gouvernement oligarchique, placé entre les mains les moins propres à gouverner. Car un Gouvernement oligarchique est celui où une classe quelconque de la société est appelée seule à gouverner et à faire des lois. C'est le pire de tous. Mais dès que tous les citoyens, comme cela est en France aujourd'hui, sont appelés à concourir, par eux-mêmes ou par leurs délégués, à la confection des lois, c'est une république aussi démocratique qu'elle peut l'être. Je dis aussi démocratique qu'elle peut l'être, car à la rigueur, pour qu'elle le soit dans toute l'acception du terme, il faudrait que tous les citoyens fussent convoqués et se prononçassent sur chaque question qu'il y aurait à décider. Or, comme cela est évidemment impossible pour la France, il faut bien nous contenter d'un à peu près, et l'on ne doit pas craindre que les lois et les institutions qui en sortiront ne donnent pas aux libertés et au bien-être des travailleurs toutes les garanties que réclame aujourd'hui leur organe ; ces garanties sont dans le principe même qui constitue la société française en république. Il est tout-à-fait inutile d'en chercher ailleurs.

> « Aux citoyens seuls le droit exclusif de veiller à la con-
> « servation de ces institutions *(institutions démocratiques)*
> « en s'organisant en gardes civiques.
>      « Point de milice spéciale qui aurait pour mission de limiter
> « l'exercice de la souveraineté du peuple en combattant pour le
> « gouvernement.

Tous les citoyens, sans doute, doivent veiller à la conservation des institutions du pays ; c'est un droit, c'est un devoir. Dans une république, tout citoyen se devant à la patrie, la garde civique ou la garde nationale, est une de ses institutions qui naît en même temps qu'elle. La garde nationale est organisée par une loi rendue, comme toutes les autres, par le concours de tous les citoyens, en leur qualité de membre de la souveraineté nationale, comme il a été dit ci-dessus. La loi peut abandonner certain détail de son organisation, comme le choix des officiers par exemple, aux citoyens qui la composent. Mais en principe, elle ne peut exister que par une loi émanée de la souveraineté nationale et non par la volonté de ceux qui sont dans ses rangs.

La garde civique, ou la garde nationale, doit son appui aux corps ou aux magistrats institués pour veiller à la conservation des institutions de la république, si elle est requise par eux, pour les défendre dans le cas où elles seraient attaquées par des factieux, ou par l'étranger. Mais elle ne doit jamais agir de son propre mouvement, vu la difficulté de distinguer dans un moment de trouble, si le mouvement est occasionné par un motif légitime, ou par des ennemis des institutions.

Quelle que soit la forme d'un gouvernement, il y aura toujours dans le sein de la société, des individus en minorité plus ou moins grande, qui ne seront jamais contents. Avec le droit exclusif que les auteurs du manifeste de l'union des travailleurs veulent conférer à la garde nationale, tout citoyen qui en ferait partie, ou plusieurs d'eux réunis en cette qualité, pourraient, à chaque instant et de leur propre mouvement, attaquer les institutions qui ne leur plairaient pas et les renverser sous prétexte de les défendre. Ce droit, au lieu d'être une garantie pour les institutions du pays légalement établies, serait le moyen le plus efficace qu'on pût imaginer pour les détruire, et une cause egalement incessante de guerre civile.

L'armée ne doit être autre chose qu'une ~~fraction~~ de la garde nationale, organisée pour être toujours prête à agir, elle a les mêmes devoirs à remplir que celle-ci, mais elle doit être soumise à une discipline plus sévère, à cause qu'étant toujours sous les armes, ceux qui la composent, entre eux et partout où ils se trouvent, ne connaissant guère que leurs chefs, ils pourraient tyranniser les citoyens, s'ils n'étaient pas contenus dans le devoir par cette même discipline.

Je suis parfaitement de l'avis qu'il ne doit pas exister dans la république de milice spéciale, ayant pour objet de veiller à la sûreté personnelle des citoyens appelés aux fonctions publiques, quelles qué'levées qu'elles soient, pour éviter qu'ils ne soient tentés de s'en servir contre la souveraineté nationale du peuple et asservir le pays. Mais j'excepte de cette exclusion le corps militaire de la gendarmerie, créé spécialement pour la police, et pour prêter main-forte à la justice ; ce corps étant disséminé en petit nombre sur toute la surface de la France, ne peut être à craindre pour les libertés publiques ; tout au contraire ; il protège les citoyens dans leur personne et leurs propriétés contre ceux qui voudraient y porter atteinte.

> « Que Paris et toute la France soient le pays le plus libre du
> « monde ! que chacun puisse y vivre comme bon lui semble,
> « sans distinction d'opinion ni d'origine.
> « Que la propriété soit inviolable et sacrée !
> « Que les droits acquis soient respectés !
> « Point de loi d'exception d'aucune nature.

« Que le passé soit oublié pour tous et que l'ère républicaine
« soit aussi pour tous l'ère de la régénération.

« Que la république vive par sa force et que ceux qui auraient
« la folle pensée de conspirercontre elle ne soient puni que par
« leur impuissance.

« Alors les étrangers voudront contempler le grand spectacle
« de la France, ils afflueront dans nos contrées, ils y appor-
« teront leurs richesses, leur industrie, le peuple en profitera
« et la France sera à la fois la nation la plus grande et la plus
« favorisée.

« Alors le sol français aura toute sa valeur, les propriétés
« nationales deviendront pour la république une source abon-
« dante de richesse, et son crédit s'établira sur des bases solides.

« Alors enfin, tous les enfants de la patrie seront fiers de la
« république, et la puissance nationale sera partout respectée !

A l'exception de cette pensée philantropique que « tout cons-
« pirateur contre la république ne soit puni que par le désespoir
« de son impuissance; » pensée sur laquelle il y aurait beaucoup
de choses à dire, et que, pour mon compte, je regarde plutôt
comme un encouragement donné aux conspirateurs que comme
un moyen de les ramener à la raison, on ne peut qu'applaudir
à toutes les autres.

Mais la première condition à remplir, sans laquelle aucune de
ces nobles et patriotiques pensées ne peuvent se réaliser, c'est le
rétablissement de l'ordre et de la tranquillité dans les rues;
c'est de s'abstenir de toute manifestation bruyante, hostile envers
qui que ce soit, qui porte l'inquiétude dans tous les esprits; c'est
d'oublier jusqu'aux mots qui rappellent, par l'idée qu'on y at-
tache, l'existence de certain parti, et ne sont propres qu'à les
perpétuer et à faire renaître des souvenirs et peut-être des regrets
dans ceux à qui ils s'adressent, rendant impossible tout rappro-
chement et la fusion, en une seule famille, de tous les français.

Alors, et seulement alors la confiance renaîtra, les ateliers se rouvriront, les affaires reprendront leur cours ordinaire ; et avec les garanties que le manifeste de l'association des travailleurs demande pour tous, et que nul n'a intérêt à refuser, le peuple français sera le plus heureux de la terre, il pourra servir d'exemple et de modèle à tous les autres, et espérer de voir venir à lui les étrangers opulents, et les industriels qui, les uns par leur fortune et les autres par leurs talents, viendront rendre de l'activité à nos ateliers et accroître la prospérité de notre beau pays.

> « L'Égalite consiste en ce que le suffrage de chaque citoyen
> « ait une puissance égale pour constituer le pouvoir qui régit
> « les interêts de tous, et qui aura constamment en vue la sa-
> « tisfaction des droits et des intérêts de tous, sous peine d'être
> « renversé.

Voilà l'égalité bien définie et comme elle doit être entendue par tous les citoyens. Ce n'est pas cette égalité chimérique de fortune rêvée par des insensés ou des paresseux, qui, quoiqu'ils puissent dire et qu'ils fassent, ne durerait guère plus d'un jour, et serait la négation de toute société civile. Avec celle-ci, plus de propriété, plus de liens de famille, plus de science, plus d'arts ni d'industrie possible. Chacun, comme le sauvage, ne s'occuperait que de lui, des moyens de satisfaire ses passions et de pourvoi aux besoins de son existence. Il serait, par l'incertitude et la difficulté de se les procurer, plus misérable que l'ouvrier qui gagne le moins aujourd'hui. Il serait dans un état continuel de guerre avec ses voisins, soit pour défendre ce qu'il possède, soit pour leur ravir ce qu'ils ont, s'il y est poussé par la faim, ou par une passion violente. On ne conçoit pas comment une idée qui ne peut avoir que de pareilles conséquences, et faire disparaître les progrès que la raison humaine a fait depuis tant de siècles, ait pu germer dans la tête d'un seul homme, et encore moins que beaucoup l'aient adopté. C'est qu'il y a encore parmi nous beaucoup trop d'hommes qui ne réfléchissent pas, et qui, faute d'instruction suffisante pour juger par eux-mêmes où un système quelconque peut les conduire, sont tout disposés à adopter, sur la parole des autres, les plus grossières absurdités, si elles leur sont présentées avec quelque apparence d'utilité pour eux. C'est ainsi que par des raisons spécieuses, dans les émeutes ou les révolutions, à l'instigation de quelques meneurs, le peuple se livre souvent à des excès déplorables tout en croyant ne faire rien de répréhensible; ce n'est que quand le mal est fait, et quand il a à rendre compte de sa conduite devant la justice, qu'il s'aperçoit qu'on l'a trompé, et que c'est pour des intérêts autres que les siens, qu'il s'est mis dans la fâcheuse position où il se trouve.

Les idées justes et vraies finissent toujours par triompher. Je regrette que le rédacteur du manifeste de l'association des travailleurs, se soit cru obligé d'employer la menace pour faire adopter celles qu'il émet dans ce paragraphe. C'est un mauvais moyen dont le succès est toujours incertain et il ne faut jamais laisser entrevoir qu'au besoin on est décidé à y avoir recours, il révolte les gens de cœur et même les indifférents.

> « L'égalité consiste encore en ce que tous les citoyens
> « puissent indistinctement arriver aux emplois publics.
> « Elle veut que les impôts soient répartis en raison de la
> « fortune.
> « Elle veut aussi que l'éducation et l'instruction profession-
> « nelle soient gratuites.
> « Enfin elle veut que la justice soit également accessible
> « pour tous; que des institutions nouvelles ne permettent plus
> « que les frais de procès soient un obstacle à la légitime dé—
> « fense.

Mais depuis la révolution de 1789, tous les citoyens indistinctement peuvent arriver à tous les emplois publics; c'est un droit

acquis par nos péres, que nous n'avons pas à réclamer aujour-
d'hui ; seulement pour y parvenir, on a exigé des preuves de capa-
cité de la part de ceux qui se présentent pour les occuper, qui
soient une garantie, pour la société, que toutes les fonctions publiques soient convenablement remplies. Je ne pense pas que les
rédacteurs du manifeste de l'association des travailleurs, veuillent
ôter cette garantie à la société, et donner tous les emplois au ha-
sard, ou abandonner le choix de ceux qui devront les occuper
aux caprices des hommes appelés momentanément au pouvoir su-
prême. Ce qu'il faut, c'est que les hommes revêtus de ce pouvoir
ne puissent arbitrairement distribuer les divers emplois, et y ap-
peler qui bon leur semble. Il faut au contraire que dans celà
comme dans toute autre chose, le pouvoir de ces hommes ait des
bornes, et soit limité par des règles de justice qui lui seront im-
posées et dont ils ne devront jamais pouvoir s'écarter. Ces règles
serviront tout-à-la fois de garantie aux citoyens qu'ils seront bien
administrés, et à ceux qui se consacreront au service public,
de sauve- garde contre l'intrigue, l'arbitraire et l'injustice. Des
exemples très-récents; prouvent malheureusement, pour la
seconde fois depuis un demi-siècle, le mal que peuvent faire des
administrateurs inhabiles, dont tout le mérite qui pouvait les
recommander, ne consistait qu'en un dévouement aveugle, plus
propre à empêcher l'établissement de l'ordre de chose auquel
ils se vouaient, qu'à le consolider.

Il n'y a d'exception à faire aux principes d'équité que je viens
de poser, que pour certaines fonctions de haute politique, que
pour celles qui sont réservées à la nomination du peuple, et pour
celles qui pour être remplies ne demandent aucune étude préalable.

Les impôts doivent être repartis en raison de la fortune de
chacun, celà est incontestable. Mais ce n'est pas à dire que les
uns paieront tout et les autres rien. Cela ne veut pas dire non

plus que l'impôt sera progressif ; c'est-à-dire qu'au delà d'une certaine fortune, l'État pourra s'emparer du surplus, ou d'une partie quelconque de ce surplus, pour ses besoins, ou pour être reparti entre les citoyens les moins aisés de la société. Sans doute qu'il faut venir au secours de ceux-ci, mais non pas de cette manière. Ce système d'impôt, conduirait comme le communisme, moins vite il est vrai, mais indubitablement, à l'anéantissement de toutes les fortunes et par conséquent à la ruine de toutes les industries. Car tout établissement industriel, ne s'élève et ne se maintient qu'avec les capitaux inutiles à l'existence matérielle de celui qui les possède, et qui forment la fortune que cet impôt à pour but d'atteindre. Or, c'est l'industrie qui supplée à l'insuffisance des produits de la terre pour l'alimentation de notre nombreuse population, en créant des objets qui peuvent s'échanger contre d'autres plus nécessaires à la vie. Ce serait donc une grande faute que de s'enlever cette ressource.

Ce système serait applicable tout au plus, avec une apparence de justice, dans un pays où il existerait des privilèges qui donneraient aux uns des avantages quelconques à l'exclusion des autres, comme cela était en France avant la révolution de 1789, avec la différence pourtant, qu'avant cette époque, c'était les privilégiés qui ne payaient rien et les autres tout. Nos pères ont donc eu raison de s'élever contre cet absurde système et de le renverser. Mais aujourd'hui nous sommes dans une situation toute différente, il n'y a plus de privilèges, tous les citoyens sont égaux en droit et en fait. Celui de contribuer aux charges de l'état en raison de ses facultés, n'a donc rien d'humiliant. L'exception seule pourrait l'être pour celui qui en serait l'objet.

Une autre raison qui milite encore plus en faveur de la répartition proportionnelle de l'impôt, c'est que les dépenses que l'impôt sert à couvrir, étant faites dans l'intérêt de tous, le riche, comme celui qui ne l'est pas, en profite ; et ces derniers encore plus. Une partie considérable du produit de l'impôt étant appliquée à la création et à l'entretien d'établissements destinés à leur soulagement, ou dont ils usent comme tout le monde, il est juste qu'ils y contribuent, pour quelque peu que ce soit ; et ils doivent même le vouloir, pour qu'à leurs yeux les secours qu'ils reçoivent ne soient pas une charité, mais un droit acquis par la part de l'impôt qu'ils ont payé.

Une remarque importante à faire encore sur l'impôt progressif, c'est que, dans son application, il présente des difficultés insurmontables ; au lieu que, pour l'impôt proportionnel, comme ce n'est pas l'individu qui est taxé, mais son bien, aucune parcelle n'y peut échapper ; et, indépendamment des considérations exposées ci-dessus, c'est probablement ce qui a déterminé la première assemblée constituante à donner la préférence à celui-ci.

L'impôt doit frapper d'abord les propriétés foncières, c'est le riche qui le paye, mais celui des terres ne doit pas être trop élevé, parce que cet impôt entrant dans les frais généraux d'exploitation, il retombe en définitive sur le consommateur, et augmente pour le pauvre le prix du pain, dont il fait proportionnellement une plus grande consommation que le riche ; ensuite sur les capitalistes, et enfin sur les objets de luxe, toutefois en ménageant, autant que possible, ceux de ces objets dont la fabrication fait vivre un grand nombre d'ouvriers.

Quand à la portion de l'impôt qui retombera sur la classe la moins aisée de la société, il ne faut pas la lui demander directement. Rien n'indispose plus le peuple contre l'administration de l'état en général, que de sortir de sa poche une somme quelconque, quelle que minime qu'elle soit, !pour la verser dans la caisse commune du trésor public. Le moyen le plus simple de l'obtenir d'elle, sans non-valeur et sans regret ni récrimination, c'est de prélever cet impôt d'avance, sur certains objets de consommation , dont le bas prix, y compris l'augmentation qui

sultera de cet impôt soit pour ainsi dire insensible à celui qui l'a-
chetera, et pourtant, bien que la quantité qui en sera consommée
par chaque individu soit peu considérable, cet impôt rende beaucoup au trésor public par l'usage général qui est fait de l'objet
imposé. Je crois, quoiqu'en disent, et qu'en pensent les éco-
nomistes politiques de la nouvelle école, que ce mode est bien
préférable à celui qui ferait peser le montant du même impôt sur
les propriétés foncières, par la raison que j'en ai donné un peu
plus haut. Je sais parfaitement que ce mode d'impôt n'est pas
populaire. Mais le peuple est rarement bon juge de ses propres
intérêts en matière d'impôt. D'ailleurs je ne cherche pas à capter
son suffrage, je n'écris pas pour le flatter ni pour le tromper,
assez d'autres aujourd'hui ont pris cette triste tache; mais pour
l'éclairer si je le puis.

La question de l'impôt embrasse comme on le voit, une foule de
considérations qui exigent un examen sérieux et approfondi. Il
ne faut pas la traiter légèrement ; et surtout ne pas exagérer les
avantages ni les inconvénients de tel ou tel autre mode d'impôt, dans la crainte que l'éloge ou la critique soit mal accueillie
par le peuple qui est déjà trop disposé à croire qu'on ne fait
pas pour lui tout ce que réclame sa position, et qui ne voit pas
qu'en faisant ce qu'il voudrait il aurait plus à perdre qu'à
gagner.

> « L'égalité veut aussi que l'éducation et l'instruction pro-
> « fessionnelle soient gratuites.

Ce vœu est déjà exaucé, en partie du moins, par le budget de
l'état ou par la générosité de quelques personnes qui d'avance en
avaient senti la nécessité. On sait que depuis quelques années,
dans plusieurs villes de France, il a été ouvert des crèches où
les enfants du peuple sont recueillis à leur naissance, et soignés
pendant que la mère se livre aux occupations qui la font vivre ;

qu'il existe également des salles d'asile où, en sortant de la crèche, ces mêmes enfants sont reçus et où on leur donne, avec l'habitude de l'ordre et du travail, l'instruction qui convient à leur âge ; que des écoles primaires sont établies partout, et que dans ces écoles l'instruction que tous les enfants reçoivent est poussée jusqu'au degré indispensable et suffisant à la plupart des citoyens, pour l'état auquel ils se destinent, sans qu'il en coûte un centime aux parents peu aisés.

Ce qu'il faut maintenant c'est que, comme les écoles primaires, les crèches et les salles d'asile soient établies partout, que leur existence cesse d'être précaire et que la dépense qu'elles peuvent occasionner soit mise à la charge du budget de l'état ou des communes. Par là tous les citoyens contribueront aux frais de l'instruction de tous les enfants de la classe ouvrière, jusqu'au moment où ils seront dans le cas d'entrer en apprentissage, et cette charge ne pèsera pas plus sur celui qui aura beaucoup d'enfants que sur celui qui en aura moins, ou pas du tout. En venant ainsi en aide aux familles nombreuses, on accomplit un acte de fraternité, et l'on fait voir à celles que cet acte soulage que si elles payent quelque petite chose à l'état, à titre de contribution, elles en reçoivent encore davantage.

Quand à l'instruction professionnelle elle se divise en deux parties. La première est celle qui exige, pour exercer avec succès certains états, des connaissances supérieures à celles qu'on enseigne dans les écoles primaires, comme le dessin linéaire, les premiers éléments de la géométrie et de la mécanique. A cet effet, des écoles spéciales et gratuites devront être ouvertes dans toutes les grandes villes de France, pour y recevoir, en sortant des écoles primaires, tous les enfants qui se destineront à ces états et qui voudront suivre les cours qui y seront faits.

La seconde ne consiste que dans l'apprentissage d'un métier. Pour celle-ci il ne peut y avoir d'école publique. Un métier ne s'apprend que sous les yeux d'un maitre qui travaille lui-même et qui fait travailler son élève. L'apprentissage ne peut être gratuit, qu'autant que le maître y consentirait. L'état ne peut l'y forcer, ni le suppléer. Ainsi la dernière instruction de l'ouvrier ne peut être gratuite. Ce serait exiger plus que la société ne peut faire pour tous. Mais elle peut et doit, à titre de récompense et d'encouragement pour ceux des enfants qui se distingueront par leur bonne conduite et leur aptitude dans les écoles primaires, affecter quelques sommes du budget de l'état ou des communes pour payer leur apprentissage, si leurs parents sont dans l'impossibilité de le faire.

On a vu dans ces derniers temps, des hommes assez dépourvus de tout sens commun pour demander que l'instruction fût gratuite et la même pour tous. Quelle aberration d'esprit! pourquoi donc empêcher un père de famille de faire apprendre le grec, le latin ou les hautes sciences à son fils, s'il le peut et si cela lui convient? Craint-on que ces connaissances n'en fassent un mauvais citoyen? Je ne vois pas sur quoi une pareille opinion pourrait être fondée. Veut-on ne pas ajouter une cause d'inégalité de plus à toutes celles que la nature a mises entre les hommes? Mais la vraie et la seule égalité possible dans l'état de société, est celle qui donne les mêmes droits politiques à tous les citoyens. Pense-t-on comme M. Carnot, ministre de l'instruction publique, que le savoir est inutile aux citoyens pour exercer des fonctions publiques, même celle de législateur? Si le savoir est inutile pour remplir une fonction publique quelconque, ce que je suis bien loin d'admettre, il ne l'est pas à la gloire de la France, c'est la littérature et les sciences, autant que la gloire militaire, qui ont élevé si haut le nom français dans l'esprit des autres peuples de l'Europe. Veut-on pousser le fanatisme de l'égalité jusqu'à établir en principe, que nul citoyen ne doit être distingué des autres, pas même par son instruction. Mais ce serait marcher tout droit vers la barbarie. Et enfin veut-on que la même instruction scientifique soit donnée à tous, pour que l'enfant du peuple, s'il a du génie, puisse le développer et devenir une des gloires de son pays? pour cela je crois cette précaution inutile et dangereuse : inutile parce que si la nature l'a doué de ces facultés heureuses qui font le grand homme, il se fera jour malgré l'obscurité de sa naissance, et prendra rang avec les Dalambert, les Rousseau, les Franclin, les Vashington et tant d'autres, tous enfants du peuple, quoiqu'ils soient nés dans un temps où les moyens d'instruction n'étaient pas aussi multipliés, ni aussi faciles à aborder qu'ils le sont aujourd'hui : Et dangereux, parce que cette haute instruction ferait perdre à la jeunesse un temps précieux, qu'elle aurait l'inconvénient de jeter dans la société une foule d'écrivains médiocres, qui sont déjà trop nombreux, de folliculaires et de coureurs de places, et de la priver d'un grand nombre de bons ouvriers.

> « L'égalité veut enfin que la justice soit également accessible
> « pour tous, que des institutions nouvelles ne permettent
> « plus que les frais de procès soient un obstacle à la légitime
> « défense.

Tout vœu formulé aussi laconiquement est souvent mal compris; pour éviter l'équivoque et tout mal-entendu à propos de celui-ci, je vais, comme je l'ai fait jusqu'ici pour ceux sur lesquels j'ai déjà eu l'occasion d'exprimer ma pensée, indiquer comment on peut y satisfaire.

La justice est rendue au nom de la souveraineté nationale, par des magistrats dont le traitement est payé par l'état, conséquemment ils ne coûtent rien aux plaideurs. Il n'en est pas de même pour les avocats, les avoués et les frais d'enregistrement. Les avocats se font payer en raison de leur réputation, et plus elle est grande, moins ils sont accessibles à celui qui n'est pas riche.

Pour que celui-ci ne fut pas privé de leur lumière, ne conviendrait-il pas que sur sa demande, si la chose en litige en valait la peine, le tribunal désignât l'un de ces avocats qui serait tenu de lui prêter son ministère gratuitement? comme cela se pratique déjà chez nous pour les prévenus de crimes ou de délits qui paraissent devant la cour d'assises, et en Italie pour les causes civiles.

Les avoués multiplient souvent les frais de procédure par des écritures, des vacations et des citations inutiles; faute de s'entendre avec celui de la partie adverse, ce à quoi ils se prêtent d'autant moins que cela augmente toujours leurs honoraires. Tous frais portés au compte du plaideur pour un motif semblable devraient rester à la charge de l'avoué. En Allemagne il n'y a pas d'avoué; leurs fonctions sont remplies par les avocats, c'est une simplification qu'on pourrait fort bien introduire chez nous et qui ne laisserait pas que de soulager beaucoup les plaideurs.

Mais c'est surtout l'enregistrement des pièces de la procédure qui augmente considérablement les frais de justice, et fait souvent qu'on préfère être lésé dans son droit que d'y avoir recours. Ces frais ont encore un autre inconvénient, c'est qu'ils encouragent le riche à attaquer devant les tribunaux celui qui ne l'est pas, en réparation de dommages ou pour des droits souvent plus que douteux, dans lesquels il prétend rentrer, en pensant que celui-ci reculera devant un procès qu'il n'est pas en état de soutenir à cause des frais, des démarches et des autres dépenses auxquelles ce procès l'entraînerait. C'est là certainement un très-grand mal, y remédier est une chose urgente à faire. Mais d'un autre côté, si la crainte de perdre sa cause, ne retenait beaucoup de plaideurs, on verrait les procès se multiplier à l'infini. Qu'on laisse donc les frais d'enregistrement à ceux qui peuvent les payer, mais qu'on en dispense ceux qui ne le peuvent pas. Ce qui peut se faire par un moyen bien simple qui sera d'insérer dans la loi que le citoyen qui sera dans ce cas, soit autorisé à présenter une requête au tribunal devant lequel son affaire devra être jugée, pour demander justice sans frais, et que le tribunal, après une information préalable, décide s'il y a lieu ou non, d'admettre ou de rejeter la demande. Alors la justice sera accessible à tous, ainsi que cela doit être dans un état qui a pour l'un de ses dogmes la fraternité.

> « La fraternité exige que tous les peuples se considèrent
> « comme ne formant plus qu'une seule nation.
>
> « Et alors plus de guerres inutiles, mais appui ferme et ef-
> « ficace aux peuples encore courbés sous le joug et qui vou-
> « draient le secouer.

Ceci est le beau idéal de la fraternité. C'est le rêve de l'abbé de Saint-Pierre. La fraternité comme elle doit être entendue, c'est l'amour de nos semblables qui nous fait un devoir de les aider et de les secourir en raison de nos facultés. Mais comme le moi personnel est encore plus puissant chez tous les individus et parle plus haut que le devoir à chacun d'eux, des institutions peuvent et doivent obliger tout citoyen à les remplir par des sacrifices, qui assurent le nécessaire à ceux que la fortune n'aura pas suffisamment favorisés, soit en leur donnant du travail s'ils en manquent, soit en venant à leur secours, si l'âge et les infirmités ne leur permettent pas de s'y livrer, sans pourtant que ce secours devienne un encouragement à la paresse et à l'inconduite.

Pour que tous les peuples se considèrent comme des frères, et qu'ils vécussent constamment en paix, il faudrait qu'ils fussent soumis au même gouvernement, ou au moins qu'ils fissent partie d'un état entrant comme partie intégrante dans la confédération de tous les autres, et que les difficultés qui pourraient s'élever entr'eux fussent jugés à l'amiable par un tribunal supérieur que tous reconnaissent, et au jugement duquel chacun serait tenu de se soumettre. Cela n'est pas impossible certainement. Mais jusqu'à ce que cet ordre de chose soit établi, c'est poursuivre une chimère que de compter sur cette fraternité universelle et sur une paix constante entre tous les peuples. Ne portons pas si loin nos vues, contentons-nous d'établir l'une et l'autre chez nous, et surtout gardons-nous bien de déclarer à toute l'Europe que nous voulons donner appui ferme et efficace aux peuples qui à tort ou à raison voudraient marcher sur nos traces. Car ce serait immédiatement déclarer la guerre au gouvernement de ces peuples et attirer sur eux ou sur nous tous les fléaux qu'elle entraine après elle.

Chez aucun peuple et à aucune époque de l'histoire on n'a vu la guerre et la conquête donner la liberté. Bien loin d'en doter les peuples, elles n'ont jamais apporté avec elles que le despotisme et l'esclavage. La liberté est un bienfait dû au temps et aux progrès de la raison, elle pénétrera chez tous les peuples il n'y a pas de doute, un peu plus tôt ou un peu plus tard. Attendons donc et ne précipitons rien. Formons des vœux pour que tous en jouissent comme nous, c'est un sentiment que personne ne peut trouver mauvais, mais n'allons pas nous exposer à perdre la conquête que nous en avons faite, pour en faire jouir les autres par un zèle fort louable sans doute, mais fort mal entendu par rapport à nous.

> « Que les étrangers qui vivent parmi nous, dit encore le
> « manifeste que nous copions, soient considérés comme des
> « frères, et qu'en racontant notre bonheur, notre loyauté, ils
> « encouragent l'émancipation des autres peuples.

L'exemple de notre bonheur serait sans contredit la meilleure de toutes les propagandes. Mais pour qu'elle ait de l'influence sur la détermination des autres peuples, il faut que notre bonheur soit sans mélange, commun à tous, que la joie des uns ne fasse pas verser des larmes aux autres ; qu'aucune tyrannie, de quelque part qu'elle vienne et quelqu'en soit le prétexte, ne puisse être exercée sur aucun citoyen ; que tous, et chacun en particulier, soit maître absolu de ses actions, en tant qu'elles ne nuisent à personne, et que, qui que ce soit, n'ait à craindre de se voir attaquer dans sa personne ou sa propriété, par des individus ou des attroupements composés de gens oisifs et ignorants, parce que dans certaine circonstance ces citoyens paisibles n'agiraient pas selon les vues de ceux qui excitent cette populace contr'eux. Dans un pays où des choses semblables seraient tolérées, il n'y aurait de sûreté ni de bonheur pour personne, et bien loin que les étrangers vinssent s'y fixer et encourageassent leurs compatriotes à suivre l'exemple de ce pays, ils les en détourneraient et s'en éloigneraient eux-mêmes en toute hâte pour n'y jamais revenir. La crainte des uns et l'éloignement des autres ne tarderaient pas à engendrer la misère de tous, travailleurs et autres, par suite de la retraite des capitaux et de l'isolement où se placerait ce peuple vis-à-vis de tous les autres.

> « La fraternité doit mettre un terme aux discussions qui
> « portent quelquefois les citoyens à attenter à leur vie par des
> « combats singuliers. »

Les mœurs, en se modifiant par des institutions sages, y contribueront encore plus, et cela arrivera quand tous les citoyens sauront les apprécier et les respecter; et quand ils comprendront que le vrai point d'honneur ne consiste pas à verser le sang de son semblable, souvent pour des propos futiles dits sans intention de nuire ou d'offenser la personne à laquelle ce propos peut s'appliquer, et que l'amour propre ou une fausse honte empêche de rétracter; mais à sacrifier sa vie et sa fortune, s'il le faut, pour maintenir l'honneur et la gloire de la république, contre quiconque voudrait y porter atteinte.

> « Au point de vue social, la république doit encore pratiquer
> « son dogme de liberté, d'égalité et de fraternité.
> « La liberté exige que rien ne puisse entraver le rapport
> « des citoyens entr'eux et notamment le rapport des travail—
> « leurs avec ceux qui les emploient. »

C'est là un vœu qui est exaucé depuis longtemps, puisqu'il date de l'année 1791, époque où la première assemblée constituante a aboli les jurandes et les maitrises, et établi la liberté la plus entière du travail. Tel qui aujourd'hui travaille pour le compte d'un chef d'établissement qui le paye, peut demain travailler pour son propre compte. Il peut, si cela lui convient, s'associer à un ou plusieurs de ses camarades pour travailler en commun, aucune loi, aucun réglement ne s'y oppose, c'est ce que du reste nous voyons tous les jours depuis cette époque; et M. Louis Blanc a avancé une grande erreur en disant à son auditoire, dans l'une de ses conférences du Luxembourg, que dans l'état actuel des choses, l'ouvrier était condamné à perpétuité à la condition de simple ouvrier : cela peut être vrai pour quelques uns, mais on pourrait lui citer des milliers d'exemples qui prouvent le contraire, que peut-on vouloir de plus? Ceux mêmes qui demandent qu'aucune entrave ne soit apportée dans le rapport des travailleurs avec ceux qui les emploient, ne le savent pas eux-mêmes comme je vais le faire voir en répondant à l'article suivant :

« Ainsi, dit encore le manifeste de l'association des travail-
« leurs, point de lois exceptionnelles, point d'obligations im-
« posées d'avance, point de contrats forcés, libre discussion
« de toutes les questious de salaire et de travail.

« Que les travailleurs s'associent entr'eux, et le poids qu'ils
« apporteront dans la balance aura des effets plus immédiats
« que toutes les lois organiques basées sur des théories chi-
« mériques.

« L'union des travailleurs prêche la liberté pour tous, elle
« proteste d'avance contre tous les abus, et elle sollicite des
« lois répressives contre ceux qui pourraient se manifester.

« Enfin, elle demande que l'exploitation de l'homme ne soit
« pas possible, et que les faits honteux pour l'humanité qu'elle
« pourrait signaler soient rigoureusement poursuivis et punis
« s'ils venaient à se renouveler. Surtout que la vérité la plus

« complète préside au langage de tous et aux déterminations
« de tous lorsqu'il s'agit du sort des travailleurs.

« Que les imprudents se gardent de tromper les travailleurs
« par des promesses irréalisables, comme on l'a déjà fait.

« C'est ainsi qu'on détruit les plus légitimes espérances qu'on
« engendre la colère et le désespoir. »

Dans les réflexions que je viens de faire sur l'article qui précède celui-ci, plusieurs peuvent s'y appliquer et me dispensent de les reproduire. Je me bornerai donc à ce que les auteurs de cette manifestations appellent l'exploitation de l'homme, c'est-à-dire, au rapport qui doit exister entre l'ouvrier et celui qui l'emploie, ou, ce qui revient au même, à l'organisation du travail ; question palpitante en ce moment et de la solution de laquelle dépend le rétablissement de l'ordre et de la tranquillité, elle a déjà donné lieu à beaucoup d'écrits et mis bien des esprits à la torture, sans que nous en soyons plus avancés. Les uns, à la tête desquels s'est placé M. Louis Blanc, veulent que le Gouvernement, par des avances de fonds, se substitue aux établissements industriels particuliers, et que les ouvriers associés entr'eux, forment des espèces de communautés et partagent également le bénéfice résultant de leur travail commun. Les autres, à la tête desquels figure M. Michel Chevalier, ont vigoureusement attaqué ce système, comme impraticable, comme contraire à la liberté individuelle des travailleurs, comme détruisant entr'eux toute émulation, comme les condamnant pour toujours à la condition de simples ouvriers ; et enfin, comme ne devant produire que des effets tout contraires à ceux que son auteur s'en promet. Je n'entrerai pas ici dans la discussion des raisons que les uns et les autres font valoir en faveur de leur opinion ; elles sont connues de tout le monde ; et s'il y a encore quelques personnes qui les ignorent elles peuvent facilement se les procurer ; il me suffira de dire que ceux qui combattent le système de M. Louis Blanc, veulent, du reste, comme le manifeste de l'association des travailleurs, que ceux-ci soient parfaitement libres de s'associer si cela leur convient ; que le prix du salaire soit débattu entre l'ouvrier et le chef de l'établissement où il se présente pour travailler ; qu'un tribunal arbitre soit établi pour juger, sans frais, les contestations de toute nature qui pourraient s'élever entre l'ouvrier et le chef de l'établissement qui l'emploie. Pour moi, je crois que ce système est de beaucoup préférable à celui de M. Louis Blanc, parce qu'il laisse à l'ouvrier et au chef de l'établissement dans lequel il demande à entrer, la liberté de convenir entr'eux des conditions réciproques qui les engagent l'un vis-à-vis de l'autre, et la garantie que ces conditions seront réspeçtées de part et d'autre ; parce que l'ouvrier fort, laborieux et intelligent ne sera pas confondu avec celui qui n'a aucune de ces qualités, et condamné à végéter toujours, comme celui-ci, dans un rang au-dessous de celui qu'il peut occuper ; parce qu'il pourra par son mérite personnel comme tant d'autres qui ont commencé comme lui, aspirer et se voir un jour chef d'un établissement plus ou moins important. Ce qui devient impossible si l'industrie entrait dans la voie indiquée par M. Louis Blanc, car dans ce cas l'avenir de l'ouvrier ne dépendrait plus de lui, il ne pourrait améliorer son sort que du bon plaisir de l'agent chef de l'association dont il ferait partie, et sous les ordres duquel il se trouverait. Ce serait véritablement, comme le dit avec beaucoup de raison, M. Michel Chevalier, l'exploitation des bons ouvriers par les mauvais.

Je suis étonné de rencontrer ces mots : « *que l'exploitation de l'homme ne soit pas possible*, dans le manifeste de l'association des travailleurs, d'après l'abus qu'on en a fait. Dans l'état de civilisation où la plupart des sociétés de l'Europe sont parvenues, c'est un non sens. Ces mots ne pourraient s'appliquer qu'aux pays où il existe encore des esclaves ; et depuis longtemps il n'en est plus question en France. Chacun y est le maître de sa personne et de tout ce qu'il possède, et il jouit de l'un et de l'autre à l'abri des lois qui protègent tous les citoyens également, à moins de dire que la soumission aux lois est un esclavage, ce qui serait absurde, on ne peut pas donner à ce mot *exploitation* le sens qu'on semble y attacher. Pourtant nous avons vu tout récemment inscrit sur la bannière de quelques groupes d'ouvriers *à bas l'exploitation de l'homme par l'homme*, à coup sûr ceux qui la portaient ni ceux qui la suivaient n'avaient aucune idée de ce que voulait dire cette légende. Mais elle servait d'autant plus les vues ambitieuses des agitateurs et ces ouvriers qui s'y sont laissé prendre ! Espérons qu'ils ne tomberont plus dans un pareil piège, leur propre intérêt le leur commande, et ils devraient voir maintenant que ce n'est pas avec des manifestations, quelque pacifiques qu'elles soient, que les ateliers se rouvriront et que le travail qui les fait vivre peut reprendre.

Je suis tout-à-fait de l'avis des rédacteurs du manifeste dont nous nous occupons ici, quand il s'agit d'un intérêt aussi grand que celui qui touche la classe nombreuse des travailleurs il faut s'en occuper consciencieusement, ne pas les tromper, les leurrer par des promesses illusoires ou impossibles à réaliser, ne pas se servir de mots équivoques, mais leur tenir un langage franc et loyal qui aura toujours plus d'empire sur eux que le mensonge.

> « Le peuple a le droit de vivre, la condition de ce droit c'est
> « le travail. Le peuple connaît cette condition et l'accepte
> « résolument.
>
> « Il a voulu fonder un régime de liberté qui lui assurât
> « l'exercice de sa force et le développement de ses facultés ;
> « il a voulu avoir sa part aux affaires publiques ; et il sait que
> « notre belle patrie administrée d'abord avec sagesse dans l'in-
> « térêt de tous et sans gaspillage, renferme des ressources qui
> « peuvent suffire à tous ses enfants.

« Voilà ce que sait le peuple, et aucun citoyen aucun gou-
« vernement ne doit pas l'oublier. »

Le peuple a le droit de vivre, cela est incontestable. La condition qu'il y met est de vivre de son travail. Cette déclaration
montre en lui un sentiment digne de l'homme libre et lui fait le
plus grand honneur. Pour cela il faut que le prix de son travail
puisse satisfaire à ses besoins, mais il ne faut pas que les travailleurs élèvent des prétentions tellement exagérées qu'elles tarissent
les sources du travail. J'ai déjà dit que l'industrie était une ressource qui suppléait à l'insuffisance des produits du sol pour
l'alimentation de notre nombreuse population ; si, par des exigences outrées, les travailleurs la font tomber en France ou la
réduisent, à la faveur de la protection des douanes, à la consommation intérieure, beaucoup d'eux manqueront d'ouvrage et tout le
pays d'une quantité suffisante des aliments nécessaires à la vie.
Force sera donc pour eux d'abandonner les ateliers de l'industrie
et de prendre la bêche et la pioche pour défricher les terres incultes
qui existent heureusement encore en France en assez grande
quantité aujourd'hui, les mettre en valeur et par ce moyen obtenir des produits qui puissent satisfaire aux besoins de tous. Je
n'en vois pas d'autres pour établir l'équilibre entre la production
des choses nécessaires à la vie et leur consommation. C'est maintenant aux ouvriers de décider de leur avenir, ils ont à choisir
entre laisser tomber totalement l'industrie chez nous, par des
exigences impossibles à satisfaire, à cause de la concurrence que
nous font les étrangers, ou, avec le secours momentané que
l'état pourra leur donner, se livrer à la culture des champs et
rendre productives les terres qui n'ont aucune valeur en ce
moment faute de bras.

On a persuadé à beaucoup d'entr'eux qu'il y avait assez de
richesses dans la nation pour les nourrir à ne rien faire, ou en
travaillant moins, si elles étaient mieux réparties. Qu'ils se

donnent bien garde de le croire, on les trompe en cela comme en bien d'autres choses. Cette richesse serait promptement anéantie si elle cessait d'être alimentée par le travail de tous ; non-seulement par le travail manuel de l'ouvrier, mais encore par celui de l'intelligence qui, par les œuvres qu'elle produit et qu'elle répand au dehors, fait entrer en France des capitaux qui viennent en aide à l'industrie et augmentent l'aisance générale. Dans les sociétés modernes tous les intérêts se tiennent, on ne peut toucher à l'une sans que les autres n'en souffrent, il faut les ménager tous et les pondérer de manière, non à ce que tout le monde soit riche, ce qui est impossible, mais à ce que personne ne manque du nécessaire.

En disant le peuple a voulu fonder, a voulu avoir, etc. comme s'expriment les rédacteurs du manifeste de l'association des travailleurs dans le passage ci-dessus, il semblerait que de lui seul dépend la solution de toutes les questions sociales, et qu'il peut dire, comme Louis XIV au parlement de Paris, l'état c'est moi. Ce serait une prétention fort mal fondée. Le droit de faire les lois, ainsi que je l'ai expliqué plus haut, appartient à la souveraineté nationale qui, d'après la population de la France, se compose d'environ neuf à dix millions de citoyens. Tous les citoyens étant égaux en droit, il n'appartient pas à une partie quelconque d'entr'eux d'élever cette prétention, à moins qu'elle ne forme la majorité, et les ouvriers que ce manifeste fait parler, en sont bien éloignés. Donc s'ils pensaient réellement pouvoir faire seuls la loi à tous les autres, ce serait évidemment de leur part une usurpation de la souveraineté ; puisque, comme je l'ai fait voir plus haut, la souveraineté d'un peuple se compose de la masse de tous les citoyens et non d'une fraction d'entr'eux. Si cela avait lieu, la république n'existerait plus, elle serait confisquée au profit d'un nombre plus ou moins grand de tyrans. Je suis bien convaincu que tel n'est pas l'intention des rédacteurs du manifeste dont il s'agit, mais le ton de ce passage pourrait le faire croire ; et c'est pourquoi à mon avis, ils n'auraient pas dû le prendre. Ce serait d'ailleurs fouler aux pieds le dogme de l'égalité et de la fraternité proclamée avec tant de joie par l'immense majorité des Français.

La part que chaque ouvrier a dans la souveraineté nationale en sa qualité de citoyen, est une fraction qui est la même pour tous ; si cette classe de citoyens voulait se séparer des autres, son influence dans les affaires publiques, serait en proportion du nombre de voix qu'elle peut réunir, c'est en cela que consiste sa force, mais elle ne peut en user que par ses votes et jamais autrement. Toute tentative qui aurait pour but de faire prévaloir sa volonté de toute autre manière, est une révolte contre la souveraineté nationale qui devrait être réprimée sans ménagement par la force.

> « L'égalité exige que tous les citoyens travailleurs ou autres
> « aient des droits parfaitement égaux devant la loi civile comme
> « partout ailleurs. »
> « Ainsi par exemple, est immoral et contraire au droit
> « d'égalité, l'article 1781 du code civil qui donne au maître
> « le droit d'être cru sur son affirmation dans ses rapports avec
> « l'ouvrier. »
> « L'union des travailleurs demande l'abrogation de cet article
> « du code. Ainsi encore l'efficacité des conseils de prud'hommes
> « disparaît par les frais qu'ils occasionnent au travailleur
> « quand il veut y recourir. Il faut que devant le conseil de
> « prud'hommes, la justice soit gratuite et que le droit de
> « libre défense soit établi.

Il n'y a aucune observation à faire sur toutes ces demandes, elles sont justes et légitimes ; et je ne doute nullement qu'elles ne soient favorablement accueillies par tout le monde, ainsi que les modifications qu'elles désirent voir introduire dans le code ou dans la loi qui se prépare sur l'organisation du travail.

« La fraternité exige que tous les citoyens s'entr'aident à
« supporter les malheurs de cette vie. Il faut que des institutions
« nouvelles, en harmonie avec la dignité des travailleurs, pro-
« tègent ceux qui sont incapables de pourvoir à leur existence. »

« Que la patrie soit grande et généreuse envers eux, elle
« qui leur doit son affranchissement et qui leur devra sa splen-
« deur future. »

Je ne sache pas que dans aucune occasion les citoyens qui ont
pu le faire, aient manqué de venir en aide aux travailleurs qui se
sont trouvés dans le besoin. Dans tous les temps, dans les
moments de chômage ou de disette, on les a toujours vus courir
au devant de ceux qui se sont trouvés dans ce cas, sans que rien
les y obligeât. Mais c'était un devoir auquel personne n'a failli,
par un sentiment d'humanité et de fraternité, qui n'est pas aussi
éteint dans le cœur des citoyens aisés que beaucoup de gens
voudraient le faire croire. Je ne veux d'autres preuves de la verité
de ce que j'avance que le témoignage de tous les ouvriers
honnêtes. Ce n'est donc pas tant un sentiment de fraternité qu'il
faut invoquer pour prévenir les besoins de la classe ouvrière que
des institutions fondées et entretenues par l'état, qui ne la laissent
pas à la merci de la plus ou moins bonne volonté de ceux qui
peuvent la secourir, et où, dans tous les temps, les travailleurs
puissent être reçus, si des maladies, l'âge, les infirmités ou le
manque d'ouvrage les obligent à y avoir recours. Voilà ce qui
sera digne d'eux et de la patrie ; et je crois qu'ils peuvent y
compter, mais il ne faudrait pas que ces institutions devinssent
un encouragement à la paresse ou à l'inconduite, ainsi que je l'ai
déjà dit, mais qu'elles fussent la récompense des ouvriers laborieux, moraux et qui à ces titres auraient acquis l'estime de
leurs concitoyens, comme il y en a beaucoup, c'est une justice
que je me plais à leur rendre.

La patrie, dans ce qu'elle fera pour les travailleurs, doit être
grande et généreuse, mais non par la raison qu'en donnent les

rédacteurs du manifeste qui a été rédigé en leur nom, parce que ce n'est pas à eux seuls, comme il leur plaît de le dire, que la patrie devra son affranchissement et sa splendeur future. Pour son affranchissement, il faut bien le dire à ces messieurs puisqu'ils feignent de ne pas le voir, au risque de leur déplaire et de blesser leur susceptibilité, il est dû autant à la masse de la population de Paris qui a laissé faire, et à l'armée qui ne s'y est pas opposée sérieusement non plus, qu'à ceux auxquels ces messieurs attribuent tout l'honneur. Et quand à sa splendeur future elle dépendra non de cette première victoire, mais des mesures plus ou moins sages que l'assemblée nationale prendra pour rétablir l'ordre et la confiance et organiser la république. Ne la détournons donc pas de son objet, et n'allons pas par des démarches et des manifestations imprudentes la pousser dans une fausse route. C'est par des importunités de ce genre que la France a perdu tous les fruits de sa première révolution. Tâchons de ne pas retomber dans les mêmes fautes. J'espère qu'il y a assez d'hommes habiles et clairvoyants dans l'assemblée nationale d'aujourd'hui pour les éviter. Mais il faut qu'elle contienne les passions ardentes du moment qui ne peuvent qu'amener une catastrophe, et engloutir la France dans un abîme d'où elle ne se retirerait jamais.

> « La fraternité exige enfin que tous les citoyens s'associent,
> « qu'ils communiquent fréquemment entr'eux, qu'ils apportent
> « dans leurs rapports une bienveillance mutuelle ; qu'ils tra-
> « vaillent aussi à élever l'éducation morale et politique de
> « tous, pour former des caractères propres à soutenir par la
> « république l'indépendance et la prospérité de la patrie. »

Le droit de s'associer et de se réunir en assemblée particulière pour délibérer sur les affaires de l'état, a quelques avantages sans doute, mais il a aussi de bien graves inconvénients. Si ces réunions n'avaient lieu que dans le but de s'instruire, de s'éclairer mutuellement en se communiquant chacun et avec calme les idées qui pourraient être utiles à la société, rien de mieux, elles seraient sans danger et elles devraient être fortement encouragées. Mais ce n'est pas dans le caractère français, ni dans la nature de ces sortes de réunions. Le sang-froid n'est pas la qualité qui y domine le plus ordinairement. On s'y échauffe, on s'y excite les uns et les autres par des discussions ardentes et passionnées. Elles sont la plupart du temps dominées et conduites par des hommes turbulents qui sont enclins à ne reculer devant aucun moyen pour faire prévaloir leur opinion, comme on l'a vu dans la première révolution et comme nous venons de le voir tout récemment encore. Il faudrait donc si l'on croit devoir les tolérer, ce que je ne crois pas nécessaire, avec une chambre de députés élue par tous les citoyens, et avec le droit de pétition, dont tout le monde peut user ; il faudrait dis-je exercer sur ces réunions une grande surveillance, pour qu'elles ne dégénérassent pas en clubs menaçants pour la tranquillité publique, comme par exemple : qu'on n'y pût délibérer qu'en présence d'un agent de l'autorité qui serait là, non pour se mêler, en quoi que ce soit aux discussions qui pourraient s'y élever, mais pour voir ce qui s'y passe et en rendre compte afin de pouvoir les interdire à temps, si elles tentaient de s'écarter du but pour lequel elles se sont formées. Il devra aussi leur être défendu de correspondre entr'elles, et de se présenter en masse devant les autorités constituées pour leur arracher, par intimidation ou violence, des mesures qu'elles ne croiraient pas devoir prendre. Car sans cela ces clubs ne tarderaient pas à devenir l'effroi de la société, à y jeter l'épouvante et à rendre tout gouvernement impossible, même celui d'une république ; ils auraient de plus encore l'inconvénient de tenir constamment en émoi toute la population, d'empêcher la confiance de renaître, de faire enfouir les capitaux et de suspendre indéfiniment toute transaction commerciale ou autre ; ce que les travailleurs, dans leurs intérêts ne doivent pas plus désirer que ceux qui ne le sont pas.

Cette tendance, accréditée par des esprits peu clairvoyants, qui se manifeste aujourd'hui, d'accroître outre mesure les libertés publiques au risque de compromettre à tout moment l'existence de la société, prend sa source dans l'idée que tout gouvernement est nécessairement l'ennemi de la nation à la tête de laquelle il se trouve ; et par conséquent qu'on ne saurait trop prendre de précaution contre lui ; et l'on ferme les yeux sur le danger, bien plus grand, de paralyser son action et d'exposer le pays à d'incessantes révolutions. C'est un aveuglement qui n'a pas de nom, et qui peut encore nous coûter bien cher.

> « L'association des travailleurs termine son manifeste, en
> « disant qu'elle s'est donnée la mission de faire triompher les
> « principes qu'elle vient d'exposer et qu'elle ne manquera
> « pas à l'engagement qu'elle a pris vis-à-vis d'elle-même. »

Je n'ai pris la plume que pour seconder cette société dans ses louables intentions. Les réflexions que j'ai faites sur les divers articles de son manifeste, ne détruisent pas les principes qu'elle a pris à tâche de faire triompher, elles font voir seulement que les principes ont besoin d'être modifiés sur quelques points. Il n'y a rien d'absolu dans le monde moral ; c'est ce dont il faut que chacun de nous soit bien pénétré, pour que les uns ne soient pas trop exigeants et que les autres se prêtent volontiers et sans arrière pensée aux sacrifices que le devoir de la fraternité et les circonstances peuvent leur imposer. Sans concessions mutuelles tout reste indécis pour l'avenir, et la société ne jouit que d'une paix apparente que la moindre chose peut troubler. Tâchons de prévenir ce malheur ; et pour cela travaillons de concert à éclaircir, autant que chacun de nous peut le faire, les questions qui vont être débattues à l'assemblée nationale, afin que la constitution qui sortira de ce débat, repose sur des bases solides qui assurent à la république une longue durée. Car si, faute d'être suffisamment muri, on ne fait pas une convenable application de ces principes, on n'organisera que l'anarchie ; et comme l'anarchie ne peut jamais être l'état normal d'aucun peuple, Dieu sait ce que la France deviendra !

Metz.—Imp. et Lith. de NOUVIAN.

www.ingramcontent.com/pod-product-compliance
Lightning Source LLC
Chambersburg PA
CBHW061137050726
47594CB00005B/2249